ISBN : 978-2-412-07936-2
Dépôt légal : septembre 2022
Imprimé en France

COORDINATION DE LA RÉDACTION
Amandine Gombault / Storytellers Médias

Directrice éditoriale : Marie-Anne Jost-Kotik
Responsable éditoriale : Aline Sibony
Direction artistique : Lisa Magano-Benziane
Mise en pages : Maogani

Éditions First, un département d'Édi8
92, avenue de France
75013 Paris
France
01 44 16 09 00
www.editionsfirst.fr

une année de GOOD WAVES

Illustrations :
Mersea People

FIRST
ÉDITIONS

Une année avec du flow !*

Dès que je ressens les vibrations de l'océan, que je respire son air iodé ou que j'aperçois au loin son horizon, je sais que ma place est auprès de lui. Il est indispensable à mon ancrage, c'est viscéral. D'ailleurs, si jamais un jour je devais me métamorphoser et prendre une autre forme sur cette terre, je vivrais forcément dans l'eau !

Je me recharge et me réénergise toujours à son contact. Il est le pilier de mon équilibre et me permet de retrouver harmonie et alignement dans ma vie. Loin de lui, il me manque quelque chose, comme si je n'étais pas complète.

Et puis l'océan, la mer et l'eau symbolisent le mouvement, et je ne conçois pas la vie sans changement ! Voilà pourquoi je vous invite à passer cette nouvelle année avec leurs embruns, leur écume et leurs vagues.

Le surf, que je pratique depuis que je suis ado, est pour moi la meilleure façon d'exprimer ce corps à corps avec l'océan, d'en expérimenter sa puissance, qui me fascine autant qu'elle m'intimide ! C'est cette humilité que l'océan m'a transmise, et que je voulais partager avec cet agenda. À travers mes plus belles sessions, mais aussi les rencontres que j'ai faites autour de cette immensité, comme celle avec la championne de surf Pauline Ado, avec Guillaume Barucq, le médecin créateur de la surf thérapie, avec Guillaume Néry, le grand apnéiste, ou encore avec François Gabart, le navigateur aux multiples records.

* ON DIT D'UN SURFEUR QUI A DU FLOW QU'IL SURFE EN ACCORD PARFAIT AVEC LE RYTHME DE LA VAGUE.

Ils ont tou·te·s un rapport fusionnel avec l'océan, et j'ai voulu vous inviter à les rencontrer à votre tour. Car ce que nous avons tou·te·s en commun, c'est la profonde conviction que, parce que « l'eau est le sang de la planète » et parce qu'il y a urgence à œuvrer à la sauvegarde des océans, nous devons tou·te·s ensemble nous engager dans une démarche responsable pour sa protection. Et je vous y encourage au long des pages de cet agenda en partageant avec vous plein de petits challenges et d'astuces que j'essaie de remporter et d'appliquer dans ma vie de tous les jours.

Pour illustrer ce parcours tout au long de l'année, j'ai sollicité Dothy Henriot, *alias* Mersea People, dont j'ai découvert le travail sur Instagram. Une Bretonne qui dessine la mer, forcément, ça ne m'a pas laissée insensible ! J'ai tout de suite été embarquée dans son univers à la fois poétique et mélancolique, empreint de force, mais aussi de nostalgie. J'aime ce contraste, qui fait écho à ma relation avec l'océan. Il a beau me donner de la force, il sait aussi me ramener à l'essentiel et faire émerger une partie de moi plus fragile, plus douce, plus émotive.

« Tout va bien, c'est juste un peu de pluie sur ton corps, pas sur ton cœur », « À la vie, à la mer », « Au clair de toi »… Autant de citations subtiles dont Dothy émaille son travail qui résument à la perfection ce sentiment. Bref, j'ai craqué pour cette nana dont l'énergie m'a rapidement… submergée !

J'ai eu à cœur de collaborer avec elle et de l'inviter dans ce nouvel agenda. Parce que j'avais envie que ses couleurs et ses lignes nous suivent toute l'année et viennent accompagner l'histoire qui m'anime autour de l'océan. Parfois les mots ne suffisent pas et les images valent bien plus.

Alors bon voyage !

Et plein de *good waves* sur vous !

Laury

2023 en un coup d'oeil

JANVIER

	Lu	Ma	Me	Je	Ve	Sa	Di
52							1
1	2	3	4	5	6	7	8
2	9	10	11	12	13	14	15
3	16	17	18	19	20	21	22
4	23	24	25	26	27	28	29
5	30	31					

FÉVRIER

	Lu	Ma	Me	Je	Ve	Sa	Di
5			1	2	3	4	5
6	6	7	8	9	10	11	12
7	13	14	15	16	17	18	19
8	20	21	22	23	24	25	26
9	27	28					

MARS

	Lu	Ma	Me	Je	Ve	Sa	Di
9			1	2	3	4	5
10	6	7	8	9	10	11	12
11	13	14	15	16	17	18	19
12	20	21	22	23	24	25	26
13	27	28	29	30	31		

AVRIL

	Lu	Ma	Me	Je	Ve	Sa	Di
13						1	2
14	3	4	5	6	7	8	9
15	10	11	12	13	14	15	16
16	17	18	19	20	21	22	23
17	24	25	26	27	28	29	30

MAI

	Lu	Ma	Me	Je	Ve	Sa	Di
17	1	2	3	4	5	6	7
18	8	9	10	11	12	13	14
19	15	16	17	18	19	20	21
20	22	23	24	25	26	27	28
21	29	30	31				

JUIN

	Lu	Ma	Me	Je	Ve	Sa	Di
22				1	2	3	4
23	5	6	7	8	9	10	11
24	12	13	14	15	16	17	18
25	19	20	21	22	23	24	25
26	26	27	28	29	30		

JUILLET

	Lu	Ma	Me	Je	Ve	Sa	Di
26						1	2
27	3	4	5	6	7	8	9
28	10	11	12	13	14	15	16
29	17	18	19	20	21	22	23
30	24	25	26	27	28	29	30
31	31						

AOÛT

	Lu	Ma	Me	Je	Ve	Sa	Di
31		1	2	3	4	5	6
32	7	8	9	10	11	12	13
33	14	15	16	17	18	19	20
34	21	22	23	24	25	26	27
35	28	29	30	31			

SEPTEMBRE

	Lu	Ma	Me	Je	Ve	Sa	Di
35					1	2	3
36	4	5	6	7	8	9	10
37	11	12	13	14	15	16	17
38	18	19	20	21	22	23	24
39	25	26	27	28	29	30	

OCTOBRE

	Lu	Ma	Me	Je	Ve	Sa	Di
39							1
40	2	3	4	5	6	7	8
41	9	10	11	12	13	14	15
42	16	17	18	19	20	21	22
43	23	24	25	26	27	28	29
44	30	31					

NOVEMBRE

	Lu	Ma	Me	Je	Ve	Sa	Di
44			1	2	3	4	5
45	6	7	8	9	10	11	12
46	13	14	15	16	17	18	19
47	20	21	22	23	24	25	26
48	27	28	29	30			

DÉCEMBRE

	Lu	Ma	Me	Je	Ve	Sa	Di
48					1	2	3
49	4	5	6	7	8	9	10
50	11	12	13	14	15	16	17
51	18	19	20	21	22	23	24
52	25	26	27	28	29	30	31

1er janv.	JOUR DE L'AN	10 avril	LUNDI DE PÂQUES	14 juillet	FÊTE NATIONALE
6 janv.	ÉPIPHANIE	1er mai	FÊTE DU TRAVAIL	15 août	ASSOMPTION
2 févr.	CHANDELEUR	8 mai	VICTOIRE 1945	1er nov.	TOUSSAINT
14 févr.	SAINT-VALENTIN	18 mai	ASCENSION	11 nov.	ARMISTICE 1918
21 févr.	MARDI GRAS	28 mai	PENTECÔTE	25 déc.	NOËL
9 avril	PÂQUES	29 mai	LUNDI DE PENTECÔTE	31 déc.	SAINT-SYLVESTRE

	Zone A	ZONE B	ZONE C
Vacances DE NOËL 2022	Fin des cours : SAMEDI 17 DÉCEMBRE 2022 Rentrée : LUNDI 3 JANVIER 2023		
Vacances D'HIVER 2023	Fin des cours : SAMEDI 4 FÉVRIER Jour de rentrée : LUNDI 20 FÉVRIER	Fin des cours : SAMEDI 11 FÉVRIER Jour de rentrée : LUNDI 27 FÉVRIER	Fin des cours : SAMEDI 18 FÉVRIER Jour de rentrée : LUNDI 6 MARS
Vacances DE PRINTEMPS 2023	Fin des cours : SAMEDI 8 AVRIL Jour de rentrée : LUNDI 24 AVRIL	Fin des cours : SAMEDI 15 AVRIL Jour de rentrée : LUNDI 2 MAI	Fin des cours : SAMEDI 22 AVRIL Jour de rentrée : MARDI 9 MAI
Pont de L'ASCENSION 2023	Fin des cours : MERCREDI 17 MAI Rentrée : LUNDI 22 MAI		
GRANDES VACANCES 2023	L'école est finie le SAMEDI 8 JUILLET		
Rentrée scolaire 2023	Dates non communiquées RDV sur le site Internet **education.gouv.fr**		
Vacances de la Toussaint 2023			
Vacances de Noël 2023			

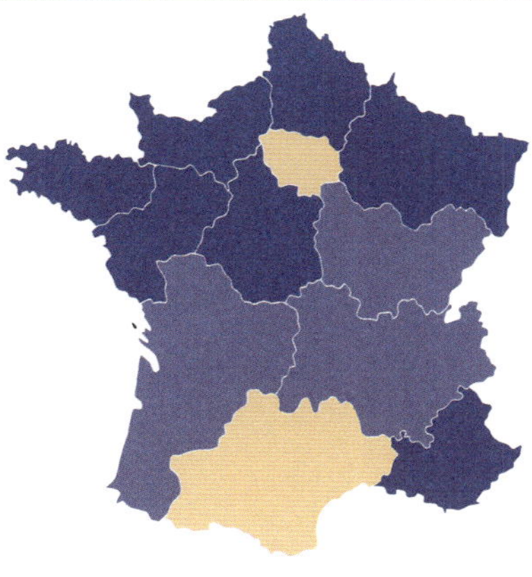

Les dates clés de mon année

SEMAINE 52

décembre

26
LUNDI

27
MARDI

28
MERCREDI

29
JEUDI

30
VENDREDI

31
SAMEDI

01
DIMANCHE

MES
MEILLEURS MOMENTS
de l'année 2022

NOTES

janvier

janvier en un coup d'œil

LUNDI	MARDI	MERCREDI	JEUDI	VENDREDI
26	27	28	29	30
2	3	4	5	6
9	10	11	12	13
16	17	18	19	20
23	24	25	26	27
30	31	1	2	3

SAMEDI	DIMANCHE
31	1
7	8
14	15
21	22
28	29
4	5

« NOUS SOMMES COMME DES ÎLES DANS LA MER, SÉPARÉES EN SURFACE MAIS RELIÉES EN PROFONDEUR. »

WILLIAM JAMES
Philosophe américain

ma rencontre avec

GUILLAUME BARUCQ

LE MÉDECIN QUI PRESCRIT LE SURF

Médecin à Biarritz, Guillaume prescrit des escapades au bord de l'eau à ses patients pour aller mieux. Son livre, *Surf Thérapie*, que j'ai dévoré, est sorti l'année ou j'ai été élue Miss France. Cette même année où nous avons eu l'occasion de nous rencontrer et d'échanger sur notre philosophie et notre amour commun pour l'océan. Depuis nous sommes toujours restés en contact.

En quoi l'océan peut-il nous aider à être en bonne santé ?
L'océan est pour moi la plus grande pharmacie du monde ! Il y a d'un côté tout ce que l'environnement marin peut nous apporter *via* nos cinq sens et d'un autre tous les médicaments naturels qui s'y trouvent : extraits d'algues, de poissons, de phytoplanctons, etc.

Que nous apporte-t-il biologiquement ?
L'air marin est particulièrement riche en sels minéraux, en oligo-éléments et en ions négatifs : c'est un stimulant de l'organisme. L'effet du froid de l'eau agit comme une cryothérapie globale profonde sur le corps. Elle est très bénéfique contre les douleurs articulaires, pour la circulation sanguine,

c'est aussi un anxiolytique, un antidépresseur. Les bains de mer améliorent même le sommeil et régulent l'appétit.

L'océan agit donc à tous les niveaux pour notre santé ?

Oui, rien que la vue de l'océan va calmer notre mental, notre rythme cardiaque, notre pression artérielle. Il nous met en mode méditatif de manière spontané. Sans oublier l'activité physique dans l'eau et le sable (marche dans l'eau, paddle, surf, etc.), un espace de vitalité et de santé.

> « LE REMÈDE UNIVERSEL EST L'EAU SALÉE : LA SUEUR, LES LARMES OU LA MER. »
> ISAAK DINESEN

Et tu en es venu à prescrire réellement du surf sur ordonnance ?!

En 2010, j'ai décidé d'écrire mon premier livre *Surf Thérapie* afin de montrer à quel point l'océan pouvait nous être bénéfique. Je suis tombé au bon moment, c'était le tout début du sport santé et j'ai pu mettre en place le sport sur ordonnance sur la côte basque !

Tu compares souvent notre corps à l'océan, en quoi sont-ils semblables ?

Si l'on compare le plasma sanguin avec l'eau de mer, les proportions en sels minéraux sont très proches. Il y a une identité minérale entre nos liquides organiques et l'océan qui est troublante. Ce n'est certainement pas dû au hasard car nous avons toujours été conditionné par ce milieu.

Tu dis même que l'on se décontamine de la même manière que lui ?

Oui face à la pollution par exemple. Tout simplement en renouvelant nos eaux, en les faisant circuler : dès que nous ne bougeons plus, la maladie s'installe. *Idem* pour l'océan ! Les eaux stagnantes sont des zones mortes !

Quel est ton rapport à l'océan ?

Fusionnel. J'ai été conditionné depuis le plus jeune âge à faire des activités dans l'océan à Biarritz. Dès que je suis parti à Bordeaux faire mes études, je me suis senti moins bien, en moins bonne santé. Et quand je revenais à Biarritz quelques jours, j'allais mieux ! Je me suis alors intéressé à la thalassothérapie, soit les bienfaits de l'environnement marin. Et aujourd'hui, après 25 ans de médecine, ma conclusion est toujours la même : le bain de mer est l'un des outil les plus puissants à notre disposition pour être en bonne santé.

Trois mots qui définissent l'océan pour toi ?

Puissance. Tranquillité. Santé.

janvier

02
LUNDI

03
MARDI

04
MERCREDI

05
JEUDI

06
VENDREDI

07
SAMEDI

08
DIMANCHE

L'ÉCOTIP

de la semaine

JE DÉSINSTALLE DE MON SMARTPHONE TOUTES LES APPLIS QUE JE N'UTILISE JAMAIS ET JE TÉLÉCHARGE L'APPLI WAG (WE ACT FOR GOOD) DU WWF.

NOTES

SEMAINE 02

janvier

09
LUNDI

10
MARDI

11
MERCREDI

12
JEUDI

13
VENDREDI

14
SAMEDI

15
DIMANCHE

MES
BONNES RÉSOLUTIONS
de la semaine

notes

SEMAINE 03

janvier

16
LUNDI

17
MARDI

18
MERCREDI

19
JEUDI

20
VENDREDI

21
SAMEDI

22
DIMANCHE

L'ÉCOTIP
de la semaine

JE RÉUTILISE L'EAU DE LAVAGE OU DE CUISSON DES LÉGUMES POUR ARROSER MES PLANTES.

notes

MES COUPS DE CŒUR

de docus iodés pour attendre l'été

L'HOMME DAUPHIN,
DE LEFTERIS CHARITOS

Sur les traces du célèbre apnéiste Jacques Mayol.

CHASING CORAL,
DE JEFF ORLOWSKI

Pour comprendre l'impact du réchauffement climatique sur les récifs coralliens.

MISSION BLUE,
DE FISHER STEVENS

Plongée avec Sylvia Earle, une biologiste marine qui se bat pour les océans.

SEMAINE 04

janvier

23
LUNDI

24
MARDI

25
MERCREDI

26
JEUDI

27
VENDREDI

28
SAMEDI

29
DIMANCHE

LES
GOOD WAVES
de la semaine

notes

février

février en un coup d'œil

LUNDI	MARDI	MERCREDI	JEUDI	VENDREDI
30	31	1	2	3
6	7	8	9	10
13	14	15	16	17
20	21	22	23	24
27	28	1	2	3

SAMEDI	DIMANCHE
4	5
11	12
18	19
25	26
4	5

« ENSEMBLE, NOUS POUVONS FAIRE FACE À DES DÉFIS AUSSI PROFONDS QUE L'OCÉAN ET LE CIEL. »

SONIA GANDHI
Femme politique indienne

ma passion pour

L'AUSTRALIE

LÀ OÙ JE RÊVE D'ALLER

Mon papa m'a transmis sa passion pour ce continent où il a toujours rêvé d'aller. Nous nous sommes promis un jour de partir tous les deux à sa « conquête ».

Je me souviens qu'il collectionnait les numéros du magazine *Géo* sur l'Australie, et, toute petite, quand je faisais des exposés à l'école, c'était toujours sur l'Australie !

Cette terre rouge, berceau du peuple aborigènes, ce temple du surf, la célèbre Gold Coast, etc. Je connaissais déjà tout par cœur sans y être allée !

Carte d'identité green

Le pays est constitué du plus grand réseau de parcs marins au monde. Il couvre un tiers de ses eaux territoriales, soit une surface de 3,1 millions de km^2.

Sa faune : 83 % des mammifères sont endémiques et plus de 4 400 espèces de poissons, dont 90 % également endémiques, vivent dans les eaux australiennes.

LES LIEUX OÙ JE VEUX ALLER

Ayers Rock

Ce rocher vieux de 500 millions d'années qui s'élève au milieu du désert de l'Outback australien m'a toujours fascinée ! Ces couleurs changeantes selon la lumière et l'intensité du soleil et son caractère sacré pour le peuple aborigène en font un lieu mystique où il me tarde de traîner mes vieilles baskets !

La Gold Coast
Parce qu'elle me semble indispensable pour tout amoureux de surf ! Située dans la région Sud-Est du Queensland de l'Australie, elle compte 57 kilomètres de littoral et des spots de surf parmi les plus connus dans le monde comme Snapper Rocks Superbank, Kirra, ou Burleigh Heads.

Forêt tropicale de Daintree
De Port Douglas à Cape Tribulation, cette forêt est la plus ancienne forêt tropicale du monde ! On peut la traverser en deux jours et y voir tout un tas de plantes et d'animaux incroyables dont le kangourou rat musqué mais aussi des opossums verts !

La Great Ocean Road
Sur cette route reliant Melbourne à Adélaïde, on a un concentré de toute l'Australie ! Des kilomètres et des kilomètres de plages paradisiaques pour surfer et des spots pour observer des koalas.

Le parc national de Kakadu
Pour méditer devant les plus hautes chutes d'Australie (les Jim Jim falls) et voir des peintures rupestres aborigènes exceptionnelles. En plus d'une nature magique…

Kangaroo island
Vous vous doutez que sur cette île située au large d'Adélaïde, on peut aller voir des kangourous mais aussi des koalas, des pélicans et des otaries ! Le kiff non ?

Le lac rose Hillier
Situé sur Middle Island, à côté de Perth, ce lac de près de 600 mètres de long est entièrement…rose ! Je veux le voir de mes propres yeux !

La réserve marine de Shark Bay
L'une des plus grandes réserves marines du monde. On peut y rencontrer des dauphins sauvages près du rivage, mais aussi des raies mantas et des baleines en faisant un petit tour en kayak !

Où faire une plongée de malade ?
Au-delà de la célèbre Grande Barrière de Corail qui m'attire énormément bien sûr, j'aimerais aussi m'aventurer sur des épaves comme celle du navire à vapeur le *Yongala* coulé en 1911 pendant un cyclone et encore intact !

SEMAINE 05

février

30
LUNDI

31
MARDI

01
MERCREDI

02
JEUDI

03
VENDREDI

04
SAMEDI

05
DIMANCHE

MES
BONNES RÉSOLUTIONS
de la semaine

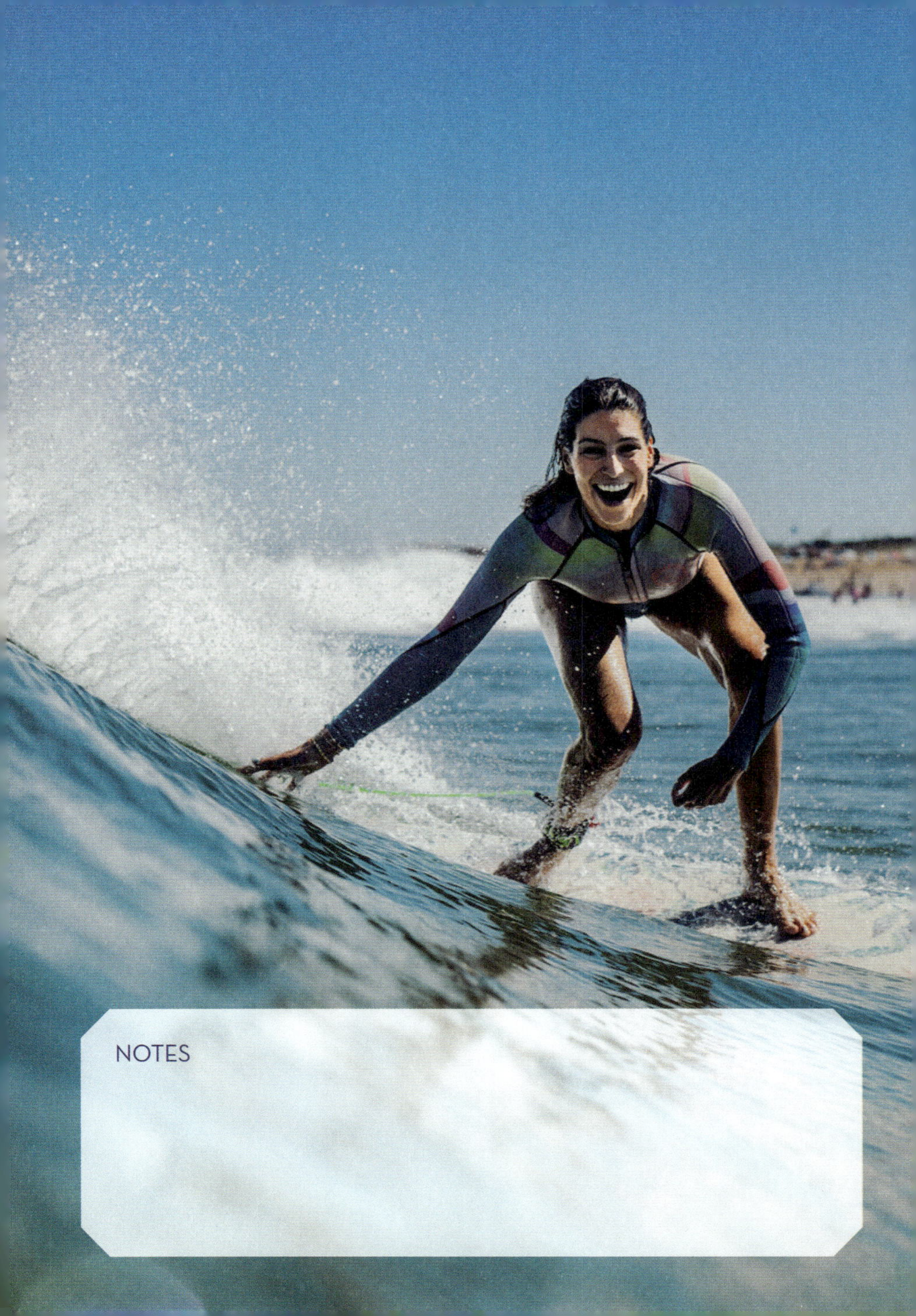

NOTES

SEMAINE 06

février

06
LUNDI

07
MARDI

08
MERCREDI

09
JEUDI

10
VENDREDI

11
SAMEDI

12
DIMANCHE

L'ÉCOTIP

de la semaine

JE BOYCOTTE LES ROSES POUR LA SAINT VALENTIN, JE PRÉFÈRE LES PLANTES LOCALES ET DE SAISON EN POT.

notes

SEMAINE 07

février

13
LUNDI

14
MARDI

15
MERCREDI

16
JEUDI

17
VENDREDI

18
SAMEDI

19
DIMANCHE

LES
GOOD WAVES
de la semaine

notes

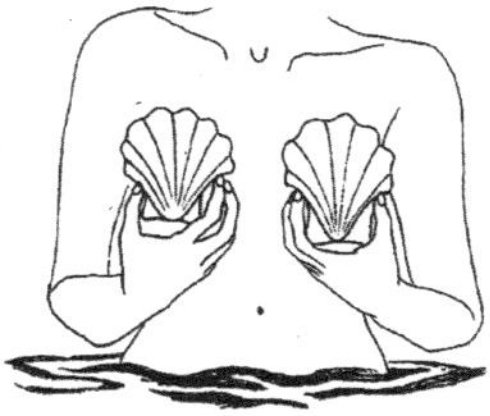

MES COUPS DE CŒUR

pour des artistes à accueillir dans votre salon.

LES FILLES DU SURF

Pour faire le plein de palmiers stylés et de courbes subtiles. @lesfillesdusurf

BLOOM BOARD

Lucile Naour est la créatrice d'une planche d'équilibre 100 % bretonne parfaite pour se muscler mais aussi super stylé en déco au-dessus du canap' ! @bloom_board

CLARK LITTLE

Un photographe de génie qui shoote au plus proche des tubes et des shorebreak. Tout simplement spectaculaire ! @clarklittle

SEMAINE 08

Février

20
LUNDI

21
MARDI

22
MERCREDI

23
JEUDI

24
VENDREDI

25
SAMEDI

26
DIMANCHE

L'ÉCOTIP

de la semaine

JE BAISSE LE CHAUFFAGE DE 1 °C : ÉCONOMISER 10 % DE CHAUFFAGE, CE N'EST PLUS UNE OPTION, C'EST UNE OBLIGATION !

notes

mars

mars en un coup d'œil

LUNDI	MARDI	MERCREDI	JEUDI	VENDREDI
27	28	1	2	3
6	7	8	9	10
13	14	15	16	17
20	21	22	23	24
27	28	29	30	31

SAMEDI	DIMANCHE
4	5
11	12
18	19
25	26
1	2

« IL N'Y A RIEN
DE PLUS BEAU
QUE LA FAÇON
DONT L'OCÉAN
REFUSE D'ARRÊTER
D'EMBRASSER LE
RIVAGE, PEU IMPORTE
COMBIEN DE FOIS IL
EST RENVOYÉ. »

SARAH KAY
Poétesse américaine

ma découverte de

MANDY BARKER

PHOTOGRAPHE ENGAGÉE

**J'ai découvert le travail de cette photographe dans les médias. Ses magnifiques clichés à l'esthétique spectaculaire font l'effet d'une douche froide lorsqu'on prend conscience de ce qui les compose.
De loin : des galaxies de formes colorées, flottant dans un noir profond qui évoque l'infini de l'espace. De près : une multitude de déchets plastiques suspendus les uns à côté des autres.**

Artiste anglaise engagée depuis des années dans la lutte contre la pollution des océans, Mandy Barker participe à des collectes de plastique avec Greenpeace et œuvre aux côtés de scientifiques pour alerter sur les chiffres terrifiants des déchets à l'échelle mondiale : chaque année, entre 4,8 et 12,7 millions de tonnes de plastique terminent dans les océans, et, selon certaines estimations, les océans pourraient contenir plus de plastique que de poissons d'ici 2050. Son objectif : sensibiliser le public et faire

« UN OBJET QUI N'EST UTILISÉ QUE PENDANT QUELQUES MINUTES RESTE DES CENTAINES D'ANNÉES DANS L'OCÉAN. »

réagir. « Le but de mon travail est d'engager et de stimuler une réponse émotionnelle pour le spectateur, en combinant une contradiction entre l'attraction esthétique initiale et le message de conscience. J'ai fait beaucoup d'expérimentations avant de comprendre que c'était ce style qui retenait le mieux l'attention des gens et les faisait réfléchir plus longtemps au problème. »

Brosse à dents, canettes de soda, briquets, ballons, emballages de toutes sortes, pailles, cartouches d'imprimantes, bouchons, gants en PVC, jouets d'enfant, etc. Mandy Barker récupère les plastiques échoués, les trie par catégorie et les dispose dans des mises en scène frappantes. On y voit des sacs plastiques en forme de méduse ou encore des gants de pêcheurs formant un drôle de corail… Sur une image terrifiante, elle montre les 276 objets ou morceaux de plastique retrouvés dans l'estomac d'un albatros âgé de 90 jours. De l'océan Pacifique Nord à la mer de Chine méridionale, en passant par les mers européennes, les plastiques photographiés par Mandy sont à l'image de la contamination mondiale. « Les scientifiques spécialisés dans les polymères affirment que tout le plastique produit jusqu'à présent est quelque part sur notre planète, sous sa forme d'origine ou en tant que nano- ou microparticules de plastique, à moins d'avoir été brûlé. Rien que d'y penser, cela m'horrifie », déclare l'artiste.
Pour sa série « Penalty » dévoilée lors de la Coupe du monde de football en 2014, représentant une galaxie de ballons retrouvés sur les plages, Mandy Barker a eu recours à 89 personnes collectrices sur 144 plages de 41 pays pour recueillir pas moins de 769 ballons de foot !

Le travail de Mandy Barker a été publié dans les plus grands médias tels que le *National Geographic Magazine*, le *Time Magazine*, *The Guardian* mais aussi exposé au MoMA (Museum of Modern Art) et au siège des Nations unies à New York.
« En voyant mon travail, les gens auront peut-être envie de signer des pétitions, d'écrire à leurs représentants, ou simplement de ramasser cinq objets en plastique. Tout ce que je souhaite, c'est qu'ils y puisent l'inspiration nécessaire pour agir différemment. »

SEMAINE 09

mars

27
LUNDI

28
MARDI

01
MERCREDI

02
JEUDI

03
VENDREDI

04
SAMEDI

05
DIMANCHE

L'ÉCOCHALLENGE

de la semaine

JE CHOISIS DEUX NOUVEAUX PRODUITS DE MA RÉGION
ET JE FAIS DE LEUR USAGE UNE HABITUDE !

NOTES

SEMAINE 10

mars

06
LUNDI

07
MARDI

08
MERCREDI

09
JEUDI

10
VENDREDI

11
SAMEDI

12
DIMANCHE

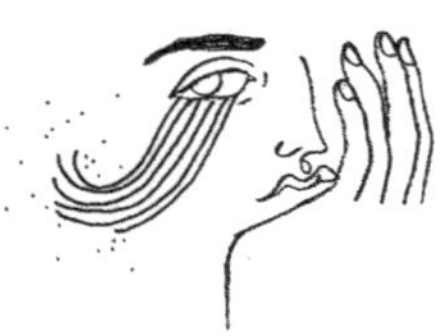

MES
BONNES RÉSOLUTIONS
de la semaine

notes

SEMAINE 11

mars

13
LUNDI

14
MARDI

15
MERCREDI

16
JEUDI

17
VENDREDI

18
SAMEDI

19
DIMANCHE

LES
GOOD WAVES
de la semaine

notes

MES COUPS DE CŒUR

pour des photographes sous-marins à ne pas perdre de vue

RAFAEL FERNANDEZ CABALLERO

Pour ses clichés nocturnes de requins-baleines aux Maldives… @rafafdezjr

HANNAH LE LEU

Pour craquer sur les bébés tortues marines d'Australie. @hannahmitchell-photography

KARLO MACAS

Si les épaves sous-marines vous intriguent autant que moi. @karlomacas

SEMAINE 12

mars

20
LUNDI

21
MARDI

22
MERCREDI

23
JEUDI

24
VENDREDI

25
SAMEDI

26
DIMANCHE

L'ÉCOCHALLENGE

de la semaine

LE SAMEDI 25 MARS, JE PARTICIPE À L'HEURE SANS LUMIÈRE, L'EARTH HOUR, LA PLUS GRANDE MOBILISATION CITOYENNE POUR LA PLANÈTE ORGANISÉE PAR LE WWF !

notes

SEMAINE 13

mars

27
LUNDI

28
MARDI

29
MERCREDI

30
JEUDI

31
VENDREDI

01
SAMEDI

02
DIMANCHE

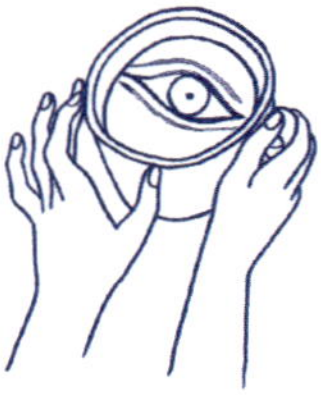

L'ÉCOTIP

de la semaine

JE VIDE RÉGULIÈREMENT MA BOÎTE E-MAIL...
LE NUMÉRIQUE REPRÉSENTE 10 % DE EMISSIONS DE GAZ À EFFET DE SERRE, C'EST DINGUE !

notes

avril

avril en un coup d'œil

LUNDI	MARDI	MERCREDI	JEUDI	VENDREDI
27	28	29	30	31
3	4	5	6	7
10	11	12	13	14
17	18	19	20	21
24	25	26	27	28

SAMEDI	DIMANCHE
1	2
8	9
15	16
22	23
29	30

« INDIVIDUELLEMENT, NOUS SOMMES UNE GOUTTE. ENSEMBLE, NOUS SOMMES UN OCÉAN. »

RYUNOSUKE AKUTAGAWA
Écrivain japonais

ma rencontre avec

PAULINE ADO

ADDICTE AUX SUPERVAGUES

J'ai rencontré Pauline pendant une compétition à Hossegor où j'étais invitée. Entre cette championne du monde de surf et moi, ça tout de suite matché. Depuis, on se revoit sur la côté Basque où elle vit pour partager des sessions de surf… ou des bières !

De quand date ton amour pour l'océan ?

Depuis que je suis toute petite ! J'ai grandi à Hendaye, au bord de l'eau, j'étais très sportive et touche-à-tout. J'ai vite eu envie de me mettre au surf, à 8 ans. J'ai commencé en club et ça a été un vrai coup de cœur !

Qu'est-ce qui te fait vibrer dans le surf ?

De devoir dompter l'élément tout en s'adaptant à lui. L'océan est toujours en mouvement, imprévisible et différent d'un jour à l'autre. Un nouveau challenge à chaque fois, des défis permanents. En plus des sensations typiques de glisse et d'adrénaline qui me rendent addict !

Parle-nous de cette addiction !

Cette addiction à la supervague,

à la prochaine supersession, cette recherche de la sensation parfaite est toujours présente. Nous les surfeurs, on est un peu fous, on regarde la météo sans cesse, on a toujours peur de louper le bon créneau pour les vagues… (rires) C'est rare d'avoir ces moments de grâce où tu surfes une vague à la perfection.

« AIME LA VIE QUE TU MÈNES ET MÈNE LA VIE QUE TU AIMES. »

Quand on surfe, on est toujours en osmose avec l'océan ?
On recherche toujours la communion mais l'océan est fort, déchaîné, on peut être malmené et avoir de forts sentiments de frustration ! Mais on en veut toujours encore !

C'est une vraie relation que tu entretiens avec la mer…
Oui, quand je suis loin de la mer, je me rends compte du manque du bruit, de l'odeur… Cet aspect relationnel est très présent. C'est une quête de symbiose avec un élément imprévisible.

Comment fais-tu pour garder un mental au top à chaque compét' ?
J'aime chercher à m'améliorer et performer le mieux possible au niveau physique, mental et technique, c'est un vrai moteur pour moi dans ma vie en général. C'est pour ça que j'arrive à être focus dans ce que je fais. Même si la compétition est dure et intransigeante. Mais c'est aussi parce que j'y prends beaucoup de plaisir !

Qu'est-ce que l'océan t'apprend sur toi ?
Il m'apprend énormément ! Il y a toujours une remise en question de soi lorsque l'on est surfeuse, il n'y a pas le choix. On va souvent dans une zone d'inconfort, on est régulièrement sous pression. C'est une leçon d'humilité à tous les niveaux car quoi qu'il arrive tu es à la merci de l'eau.

Une vraie leçon d'adaptabilité…
Oui grâce au surf, j'ai appris à m'adapter à l'imprévisible, à être présente à ce que je fais, tout en étant résiliente. Et puis il y a tout un tas de valeurs positives autour du surf, de l'hygiène de vie en passant par le respect de la nature.

Les plus belles vagues que tu as surfées ?
En Indonésie et au Mexique. C'étaient de supertubes. Le bon endroit au bon moment. Je me suis sentie tellement privilégiée d'avoir accès à cela.

Tes trois mots pour décrire l'océan ?
Addictif. Imprévisible. Indispensable.

SEMAINE 14

avril

03
LUNDI

04
MARDI

05
MERCREDI

06
JEUDI

07
VENDREDI

08
SAMEDI

09
DIMANCHE

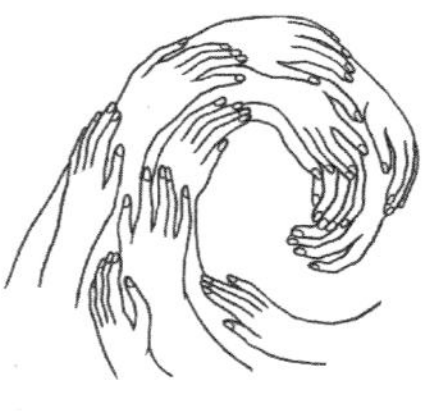

L'ÉCOCHALLENGE

de la semaine

JE MANGE 100 % FRANÇAIS PENDANT TOUTE LA SEMAINE.

NOTES

SEMAINE 15

avril

10
LUNDI

11
MARDI

12
MERCREDI

13
JEUDI

14
VENDREDI

15
SAMEDI

16
DIMANCHE

MES
BONNES RÉSOLUTIONS
de la semaine

notes

avril

17
LUNDI

18
MARDI

19
MERCREDI

20
JEUDI

21
VENDREDI

22
SAMEDI

23
DIMANCHE

L'ÉCOCHALLENGE
de la semaine

LE SAMEDI 22 AVRIL, C'EST LE JOUR DE LA TERRE ! J'EN PARLE AUTOUR DE MOI POUR QUE CHACUN FASSE UN GESTE CONCRET POUR PROTÉGER LA PLANÈTE.

notes

MES COUPS
DE CŒUR
pour le design des profondeurs

ZUIVER

Cette marque néerlandaise a notamment lancé sa *Ocean Chair* entièrement fabriquée avec les débris de l'océan. Je dis oui ! @zuiver

FIL&FAB

Parce qu'ils sont brestois, mais pas que, et qu'ils ont créé un plastique recyclé issu à 100 % de filets de pêche du port du Conquet ! @fil.et.fab

BAPTISTE COTTEN

Il a osé réaliser une banquette en peaux de poissons jetées, et ça c'est quand même sacrément culotté ! @baptiste_cotten

SEMAINE 17

avril

24
LUNDI

25
MARDI

26
MERCREDI

27
JEUDI

28
VENDREDI

29
SAMEDI

30
DIMANCHE

LES
GOOD WAVES
de la semaine

notes

mai

mai en un coup d'œil

LUNDI	MARDI	MERCREDI	JEUDI	VENDREDI
1	2	3	4	5
8	9	10	11	12
15	16	17	18	19
22	23	24	25	26
29	30	31	1	2

SAMEDI	DIMANCHE
6	7
13	14
20	21
27	28
3	4

« DANSEZ AVEC LES VAGUES, BOUGEZ AVEC LA MER, LAISSEZ LE RYTHME DE L'EAU LIBÉRER VOTRE ÂME. »

CHRISTY ANN MARTINE
Poétesse canadienne

mon engagement auprès de

HANDI SURF

QUAND LE HANDICAP SE DISSOUT DANS L'EAU

Apprendre le surf aux enfants et aux adultes en situation de handicap pour leur apporter un vrai mieux-être, c'est la mission de l'association dont je suis marraine !

Handi Surf est ouvert à toutes sortes de handicaps : tétraplégie, polyhandicap, trisomie, schizophrénie, autisme, mais soutient aussi les malvoyants et les malentendants. Présente dans 11 régions avec 170 structures en France, l'association a formé 300 éducateurs à accueillir tous types de handicaps. « Comme l'on sait s'adapter aux différents handicaps, on met en place ce qu'il faut pour accueillir la personne de la meilleure manière qu'il soit dans l'eau. Ce qu'elle sait faire, on en fait sa force.
La seule certitude qu'on doit avoir c'est qu'il n'y a aucune certitude dans le domaine du handicap. Chaque séance est sur mesure ! », explique Jean-Marc Saint-Geours, l'un des deux fondateurs.

Handi Surf a pour vocation de rendre les personnes en situation de handicap autonomes dans la pratique du surf (et du stand-up paddle !). Une fois qu'elles le

> « PARTAGER L'OCÉAN ET LA PASSION D'UN SPORT POUR PARTICIPER À L'INCLUSION ET COMBATTRE LA STIGMATISATION DU HANDICAP. »

sont, elles ont accès à des clubs sportifs inclusifs et peuvent pratiquer ainsi aux côtés de personnes valides. Cela leur apporte une vraie confiance en eux. Et la richesse de l'expérience est à double sens. Les membres valides du club apprennent aussi beaucoup à leurs contacts ! C'est aussi l'occasion de soulager les parents ou les aidants le temps d'une session. Au-delà du sport, Handi surf est aussi engagé pour l'emploi des personnes en situation de handicap dans les secteurs de la glisse.

À chaque fois que j'ai surfé avec des enfants autistes, j'ai ressenti un bonheur intense à les voir s'éclater sur une planche. C'est une expérience incroyable qui apporte à tout le monde : aux enfants bien sûr, mais aussi à leurs parents qui ressentent un plaisir immense de les voir évoluer, et aux bénévoles dont je fais partie.

Comment se déroule une session ?

On commence toujours par une séance d'« aisance aquatique ». On va dans l'eau sans les planches pour prendre la mesure des vagues et surtout pour habituer l'enfant et voir comment il réagit. Puis, on le positionne sur la planche et on commence à surfer en binôme. L'enfant est d'abord à plat ventre, puis à genoux, et, selon ses capacités, peut même tenir debout à la fin d'une session ! Le but du jeu ? Le rendre le plus autonome possible en procédant par petites étapes atteignables pour ne jamais le démotiver.

Le surf : des bienfaits énormes !

Les vertus du surf pour ces personnes en situation de handicap sont avant tout celles dont parle le surfthérapeute Guillaume Barucq ! Soit un vrai shoot d'endorphines, d'apaisement et de bonheur ! Mais à cela s'ajoute aussi la sensation d'apesanteur dans l'eau, encore plus importante pour les porteurs de handicaps physiques. Il est alors pour eux plus facile de se mouvoir et de pratiquer des activités. Ils font corps avec la planche, ont des sensations fortes et gagnent en estime d'eux-mêmes car les bénévoles et éducateurs font toujours en sorte de les mettre en situation de réussite !

www.handi-surf.org

À écouter : Eaurizon, podcast dispo sur toutes les plateformes.

SEMAINE 18

mai

01
LUNDI

02
MARDI

03
MERCREDI

04
JEUDI

05
VENDREDI

06
SAMEDI

07
DIMANCHE

L'ÉCOCHALLENGE

de la semaine

JE FAIS UN GRAND TRI CHEZ MOI ET JE DONNE
À DES ASSOCIATIONS TOUT CE QUE JE NE GARDE PAS.

NOTES

SEMAIN 19

mai

08
LUNDI

09
MARDI

10
MERCREDI

11
JEUDI

12
VENDREDI

13
SAMEDI

14
DIMANCHE

MES
BONNES RÉSOLUTIONS
de la semaine

notes

mai

15
LUNDI

16
MARDI

17
MERCREDI

18
JEUDI

19
VENDREDI

20
SAMEDI

21
DIMANCHE

L'ÉCOTIP
de la semaine

J'ÉTEINS TOUS LES APPAREILS ÉLECTRIQUES QUE JE LAISSE D'HABITUDE EN VEILLE ET JE DÉBRANCHE LES AUTRES QUAND ILS NE SERVENT PAS (GRILLE-PAIN, BOUILLOIRE, ETC.)

notes

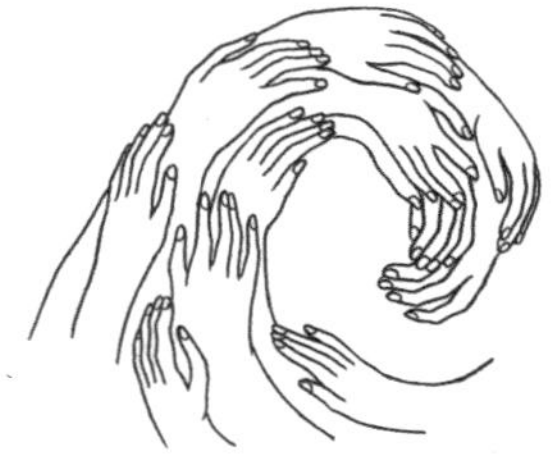

MA
SÉLECTION
de coffee table books qui sentent bon la wax.

SURFING (TASCHEN)

900 images sublimes qui vont te scotcher à ta planche.

SURFING MOMENTS (ATLANTICA)

Un carnet de voyage passionnant du surfeur François Lartigau.

SURF PHOTOGRAPHY OF THE 1960S AND 1970S (TASCHEN)

Les plus beaux clichés de Leroy Grannis, l'un des plus grands photographes de surf.

mai

22
LUNDI

23
MARDI

24
MERCREDI

25
JEUDI

26
VENDREDI

27
SAMEDI

28
DIMANCHE

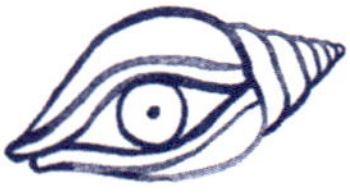

LES
GOOD WAVES
de la semaine

notes

juin

juin en un coup d'œil

LUNDI	MARDI	MERCREDI	JEUDI	VENDREDI
29	30	31	1	2
5	6	7	8	9
12	13	14	15	16
19	20	21	22	23
26	27	28	29	30

SAMEDI	DIMANCHE
3	4
10	11
17	18
24	25
1	2

« L'OCÉAN REMUE LE CŒUR, INSPIRE L'IMAGINATION ET APPORTE UNE JOIE ÉTERNELLE À L'ÂME. »

ROBERT WYLAND
Artiste américain défenseur des baleines

ma rencontre avec

GUILLAUME NÉRY

CRÉATURE DES PROFONDEURS

Pour ce double champion du monde d'apnée, l'océan est une troisième dimension dans laquelle il puise tout son équilibre.

Racontez-nous vos premiers émois d'apnéiste.

J'ai commencé à 14 ans, l'apnée avait un côté défi, aller contre l'ordre établi, arrêter de respirer, plonger là où il fait sombre… J'aimais cet endroit où je pouvais dicter mes propres règles et être au plus proche de l'eau et de l'élément.

Et ce plaisir ne vous a jamais quitté…

J'y ai même découvert de plus en plus de plaisir ! Lorsque j'ai compris que pour aller profond, il ne fallait pas y aller en force, dans un état d'esprit de conquête mais plutôt se détendre, ne plus résister et y aller en douceur, là vraiment j'ai eu des sensations extraordinaires de bien-être, d'harmonie avec l'eau, de liberté. En apnée, je suis dans une troisième dimension, à 360 degrés.

En quoi l'apnée vous plaît-elle plus que la plongée ?

Je veux aller dans l'océan de la manière la plus légère possible !

Plonger avec des bouteilles, c'est venir avec mes grands sabots d'humain et ne pas respecter la règle ! Je préfère trouver le moyen d'y rentrer avec ce que m'a donné la nature, soit des poumons et des jambes pour palmer. Il y a une vraie recherche de simplicité, de sobriété et de pureté dans mon approche.

C'est aussi votre philosophie de vie ?
Oui, l'apnée me donne beaucoup d'outils pour vivre dans notre société qui elle, vit dans l'abondance ! J'essaie en effet d'aller au plus simple, de limiter mes besoins. D'épurer ma vie. Mais j'en suis encore loin !

Quelle leçon de vie vous renvoient les eaux profondes ?
Apprendre à ne pas tout contrôler. Quand je plonge, je suis soumis à tout un tas de contraintes extérieures : la pression, le froid, l'obscurité. J'ai appris qu'il fallait accepter que des choses me dépassent, que je ne peux pas avoir la main sur tout. Et aussi la nécessité d'avoir toujours beaucoup d'humilité. De ne jamais basculer dans un excès de confiance.

Comment qualifieriez-vous votre passion ?
D'inépuisable. L'océan, la mer nourrissent chaque cellule de mon corps et de ma psyché. On ne peut pas se lasser de ça !

Vos plus belles plongées ?
Dans les profondeurs, c'est toujours dans la Méditerranée ! Des plongées à plus de 120 m où j'ai eu la sensation d'être à ma place, en communion parfaite. J'aime les eaux chaudes en surface et fraîches en profondeur propres à cette mer. Cela permet de ralentir le corps et de se sentir vraiment bien. Il y a aussi la Polynésie, j'en suis littéralement tombé amoureux ! La faune, la flore et les couleurs y sont exceptionnelles, et la société polynésienne s'est construite autour d'un rapport fusionnel avec l'océan. Et il y a aussi ma rencontre avec un léopard des mers en Antarctique avec un océan à 1° C ! Mais je pourrais en citer des dizaines !

L'océan en trois mots ?
Vie. Profondeur. Liberté.

> « J'AI UN RAPPORT VISCÉRAL AVEC LA MER, C'EST L'ÉLÉMENT CENTRAL DANS MON ÉQUILIBRE DE VIE, MON ART DE VIVRE. »

SEMAINE 22

juin

29
LUNDI

30
MARDI

31
MERCREDI

01
JEUDI

02
VENDREDI

03
SAMEDI

04
DIMANCHE

L'ÉCOCHALLENGE

de la semaine

JE N'ACHÈTE PLUS DE PRODUITS D'ENTRETIEN INDUSTRIELS, JE LES FAIS MOI-MÊME AU NATUREL, ET JE N'UTILISE POUR LES CONSERVER QUE DES CONTENANTS EN VERRE.

NOTES

SEMAINE 23

juin

05
LUNDI

06
MARDI

07
MERCREDI

08
JEUDI

09
VENDREDI

10
SAMEDI

11
DIMANCHE

MES
BONNES RÉSOLUTIONS
de la semaine

notes

SEMAINE 24

juin

12
LUNDI

13
MARDI

14
MERCREDI

15
JEUDI

16
VENDREDI

17
SAMEDI

18
DIMANCHE

L'ÉCOCHALLENGE

de la semaine

J'ARRÊTE DE BOIRE DE L'EAU MINÉRALE EN BOUTEILLE
ET JE M'EFFORCE DE CONVAINCRE TOUT MON ENTOURAGE
DE SUIVRE L'EXEMPLE !

notes

MA
SÉLECTION
d'activités
aquatiques
bien barrées

LE FITNESS SIRÈNE

Enfile ta monopalme et ta queue de sirène trouvée sur le web pour te la jouer façon Ariel dans l'océan. Le bonus ? Les calories brûlées !

LE WOGA

Le yoga dans l'eau, c'est encore plus facile pour tenir les positions ! Résultat, des bienfaits immédiats. On s'y met ?

L'HYDRO-KICKBOXING

Mets tes gants imaginaires et bats-toi avec Poséidon ! Coups de poings et coups de pieds défient la résistance de l'eau, qui permet de décupler les efforts... et les résultats. Efficacité garantie !

SEMAINE 25

juin

19
LUNDI

20
MARDI

21
MERCREDI

22
JEUDI

23
VENDREDI

24
SAMEDI

25
DIMANCHE

LES
GOOD WAVES
de la semaine

notes

SEMAINE 26

juin

26
LUNDI

27
MARDI

28
MERCREDI

29
JEUDI

30
VENDREDI

01
SAMEDI

02
DIMANCHE

L'ÉCOTIP
de la semaine

POUR RÉDUIRE L'IMPACT ÉCOLOGIQUE DE MON UTILISATION D'INTERNET, J'UTILISE UN MOTEUR DE RECHERCHE ÉCOLO COMME ECOSIA, ECOGINE OU LILO.

notes

juillet

juillet en un coup d'œil

LUNDI	MARDI	MERCREDI	JEUDI	VENDREDI
26	27	28	29	30
3	4	5	6	7
10	11	12	13	14
17	18	19	20	21
24	25	26	27	28
31	1	2	3	4

SAMEDI	DIMANCHE
1	2
8	9
15	16
22	23
29	30
5	6

« VOUS NE POUVEZ PAS TRAVERSER L'OCÉAN DE LA VIE JUSTE EN EN RÊVANT, VOUS DEVEZ SAUTER DEDANS ET NAGER. »

DEBASISH MRIDHA
Physicien américain

ma découverte du

COSTA RICA

LÀ OÙ LE MONDE EST ENCORE SAUVAGE

Je suis partie au Costa Rica pour assouvir une envie de voyage dans une destination ultrasauvage en mode sac à dos. Pays d'une rare biodiversité et pionnier dans les domaines de l'écologie et du tourisme durable, le Costa Rica cochait toutes les cases, j'ai pris les billets sans une hésitation. J'ai découvert un vrai paradis… Une traversée de 10 jours, en commençant par Santa Teresa, un magnifique spot pour surfer avec des vagues immenses ! Puis je suis arrivée du côté Caraïbes, où j'ai découvert avec délice la faune et la flore. Tous les deux jours, je changeais de lieux et passais la nuit dans des *surfhouses* très cool.

Carte d'identité

Bordé par deux océans, le Pacifique à l'ouest et l'Atlantique et la mer des Caraïbes à l'est, le Costa Rica ne couvre que 0,03 % de la surface de la planète, pourtant aucun autre pays au monde n'atteint une telle biodiversité : 6 % de la biodiversité mondiale ! Soit : 850 espèces d'oiseaux,

12 000 variétés de plantes dont 1 400 orchidées, 1 600 types de poissons, 230 espèces de mammifères et des milliers d'espèces de papillons.

Indice de bonheur

Le Costa Rica est classé à la troisième place du Happy Planet Index depuis plusieurs années. Cet indice mesure la qualité de la vie, en prenant en compte l'espérance de vie à la naissance et la satisfaction des habitants. La trace carbone de chaque habitant est aussi prise en compte. Il se classe parmi les 14 nations à avoir placé plus de 23 % de leur territoire sous protection. Ce pays a presque réussi à stopper la déforestation : 50 % du territoire sont recouverts de forêt.

LES MEILLEURS SPOTS

Le spot le plus surprenant

Uvita est connue pour son spot de surf, mais surtout pour la forme particulière de sa plage, en forme de queue de baleine, et aussi pour son parc naturel marin où, à la bonne saison, on peut voir baleines et dauphins.

La meilleure plage

La plage de Puntarenas pour voir un coucher de soleil ou faire du surf. La lumière est magnifique !

Pour faire du *snorkeling*

Le parc de Corcovado où il y a un spot sublime pour prendre son masque et son tuba.

À visiter absolument

Le parc national Volcán Tenorio situé dans la cordillère volcanique de Guanacaste où niche Rio Celeste, un fleuve aux eaux turquoise démentielles. Cascade, lagon, eaux bouillonnantes… Prenez un guide pour ne pas louper de rencontres avec les multitudes d'animaux qui le peuplent : d'innocents iguanes, perroquets, mais aussi pumas, cougars, et sangliers. Quant aux oiseaux… la richesse de la diversité d'espèces à découvrir est impressionnante !

Les animaux à spoter

Les coatis (de la famille des ratons laveurs), les singes, les toucans, les tortues de mer, les tapirs, les kinkajous (un drôle de mammifère entre le singe et le panda roux je dirais !), les quetzals resplendissants (considéré comme l'un des plus beaux oiseaux du monde !) et aussi des rainettes aux yeux rouges si vous avez l'œil, des crocodiles et mon préféré… les paresseux !

La plus belle de mes rencontres

Avec un paresseux dans le parc national de Corcovado ! Je suis restée 30 minutes à le regarder manger ses petites feuilles, puis il est tombé devant moi en ratant une branche, comme il ne fallait pas que je le touche, je l'ai alors regardé remonter sur son arbre une heure de plus. Un moment suspendu dans le temps.

SEMAINE 27

juillet

03
LUNDI

04
MARDI

05
MERCREDI

06
JEUDI

07
VENDREDI

08
SAMEDI

09
DIMANCHE

L'ÉCOCHALLENGE
de la semaine

JE RÉCUPÈRE LA PREMIÈRE EAU FROIDE DE MA DOUCHE POUR NE PAS LA GÂCHER !

NOTES

SEMAINE 28

juillet

10
LUNDI

11
MARDI

12
MERCREDI

13
JEUDI

14
VENDREDI

15
SAMEDI

16
DIMANCHE

MES
BONNES RÉSOLUTIONS
de la semaine

notes

SEMAINE 29

juillet

17
LUNDI

18
MARDI

19
MERCREDI

20
JEUDI

21
VENDREDI

22
SAMEDI

23
DIMANCHE

L'ÉCOCHALLENGE

de la semaine

LE SOLEIL EST LÀ ! PENDANT TOUT L'ÉTÉ, J'UTILISE UNE CRÈME SOLAIRE À FILTRE MINÉRAL ET NON CHIMIQUE, SURTOUT SI JE VAIS À LA PLAGE.

notes

MA
PLAYLIST
spéciale serviette de bain

KOKOMO •
THE BEACH BOYS

Pour chiller sur la plage, l'histoire d'une escapade sur une île imaginaire au large des Keys de Floride.

FOLLOW THE SUN •
XAVIER RUDD

Pas mieux pour ressentir le soleil de l'océan par tous les pores de ta peau…

ROCKAWAY BEACH •
RAMONES

Pour se secouer la tête en faisant un beach volley sous le zénith.

SEMAINE 30

juillet

24
LUNDI

25
MARDI

26
MERCREDI

27
JEUDI

28
VENDREDI

29
SAMEDI

30
DIMANCHE

LES
GOOD WAVES
de la semaine

notes

août

août en un coup d'œil

LUNDI	MARDI	MERCREDI	JEUDI	VENDREDI
31	1	2	3	4
7	8	9	10	11
14	15	16	17	18
21	22	23	24	25
28	29	30	31	1

SAMEDI	DIMANCHE
5	6
12	13
19	20
26	27
2	3

« AVEC CHAQUE GOUTTE D'EAU QUE VOUS BUVEZ, CHAQUE SOUFFLE QUE VOUS PRENEZ, VOUS ÊTES CONNECTÉ À LA MER. PEU IMPORTE L'ENDROIT SUR TERRE OÙ VOUS VIVEZ. »

SYLVIA EARLE
Océanographe américaine

ma rencontre avec

MERSEA PEOPLE

UNE ARTISTE À LA MER

Pour Dorothée, artiste plasticienne que tou·te·s ses ami·e·s appellent Dothy, l'océan breton est une source infinie d'inspiration et de sentiments.

Peux-tu nous parler de ta relation avec l'océan ?

Je suis née sur la presqu'île de Quiberon, en Bretagne. L'océan est dans mon champ de vision depuis que je suis toute petite, ma vie entière tourne autour de l'océan. Et puis je suis issue d'une famille de pêcheurs. À 25 ans, j'ai commencé à surfer, et c'est vite devenu une addiction, une vraie thérapie méditative. La pratique du surf m'apporte beaucoup de sérénité, dans ma vie en général et dans mon travail en particulier.

En quoi l'océan t'inspire-t-il ?

Il me procure une immensité de sentiments, c'est un vivier inépuisable d'émotions que j'ai envie de transmettre dans mes

« L'HORIZON, C'EST TOI À PERTE DE VUE. »

œuvres. Chaque expérience de vie que l'on peut avoir dans cet environnement est exceptionnelle. Petite, il a d'abord été mon refuge. Et puis je lui en ai voulu lorsque j'ai perdu l'un de mes cousins, qui était pêcheur, en mer. J'ai avec lui des liens complexes, parfois contradictoires. Il est devenu comme une personne à mes yeux. Entre l'océan et moi, c'est charnel.

Dans tes œuvres, tu le représentes souvent comme tel.
Oui, je personnifie souvent l'océan. Les sentiments qu'il me procure pourraient être destinés à quelqu'un. Notre relation est viscérale, il peut me manquer comme un être humain.

Arrives-tu à traduire tout ce que tu ressens dans ton travail ?
Pas toujours. Par exemple, je n'arrive pas à matérialiser la sensation que j'éprouve pendant que je surfe ! Cela va être la quête de ma vie je pense ! Cet état quasi orgasmique et si puissant.

Comment crées-tu ?
Je crayonne beaucoup face à la mer, sur la plage, après une session de surf. Puis je rentre dans ma bulle pour peindre. Je cherche toujours à traduire ce que j'ai ressenti. Cet apaisement total, ce moment de complétude où tu ne penses à rien d'autre.

Tu évoques beaucoup la poésie dans ton travail.
J'adore jouer avec les mots. Combiner les idées, les images, je trouve ça magique ! Mais je ne lis pas du tout de poésie à part Jean Cocteau. Dessin et poésie vont si bien ensemble. Certains sentiments ne se traduisent pas par des mots alors que le dessin peut le faire.

Le mouvement est très présent dans tes dessins, que ce soit celui du corps ou celui des vagues.
Quand on est dans l'eau, le corps est en apesanteur, tout est au ralenti, plus léger, comme si l'on volait dans les airs. Ces mouvements du corps portés par l'océan me nourrissent beaucoup artistiquement. D'ailleurs, lorsque je dessine des mouvements d'eau, je laisse aller tout mon corps et mon cœur au dessin. Ma main glisse toute seule sur la toile.

Quels types d'art t'inspirent pour créer ?
La danse, toujours dans l'idée du corps qui bouge, la photo pour le côté visuel et poétique et la musique qui m'accompagne énormément.

Trois mots qui décrivent l'océan pour toi ?
Immensité. Inspiration. Amour.

@mersea_people

SEMAINE 31

août

31
LUNDI

01
MARDI

02
MERCREDI

03
JEUDI

04
VENDREDI

05
SAMEDI

06
DIMANCHE

L'ÉCOCHALLENGE

de la semaine

JE NE CONSOMME PLUS DE POISSON APPARTENANT À UNE ESPÈCE MENACÉE PAR LA SURPÊCHE (ESPADON, THON ROUGE, MÉROU, FLÉTAN, ROUGET, AIGLEFIN).

NOTES

SEMAINE 32

août

07
LUNDI

08
MARDI

09
MERCREDI

10
JEUDI

11
VENDREDI

12
SAMEDI

13
DIMANCHE

MES
BONNES RÉSOLUTIONS
de la semaine

notes

SEMAINE 33

août

14
LUNDI

15
MARDI

16
MERCREDI

17
JEUDI

18
VENDREDI

19
SAMEDI

20
DIMANCHE

L'ÉCOCHALLENGE

de la semaine

SUR LA PLAGE, JE NE PRÉPARE QUE DES PIQUE-NIQUES ZÉRO DÉCHET AVEC DES CONTENANTS RÉUTILISABLES, DES COUVERTS LAVABLES, DES PAILLES EN BAMBOU…

notes

MES COUPS DE CŒUR

pour des artistes qui recyclent le plastique des océans

JANE PERKINS

Pour ses tableaux portraits en bouchons plastiques. Dingo. @janeperkinsart

GILLES CENAZANDOTTI

Pour son art fait de débris et d'objets provenant des plages de Méditerranée. @cenazandottigilles

AURORA ROBSON

Pour ses sculptures démentes faites de plastiques marins d'Hawaï et du monde entier. @aurorarobson

SEMAINE 34

août

21
LUNDI

22
MARDI

23
MERCREDI

24
JEUDI

25
VENDREDI

26
SAMEDI

27
DIMANCHE

LES
GOOD WAVES
de la semaine

notes

septembre

septembre en un coup d'œil

LUNDI	MARDI	MERCREDI	JEUDI	VENDREDI
28	29	30	31	1
4	5	6	7	8
11	12	13	14	15
18	19	20	21	22
25	26	27	28	29

SAMEDI	DIMANCHE
2	3
9	10
16	17
23	24
30	1

« L'HOMME NE PEUT DÉCOUVRIR DE NOUVEAUX OCÉANS TANT QU'IL N'A PAS LE COURAGE DE PERDRE DE VUE LA CÔTE. »

ANDRÉ GIDE
Écrivain français

L'engagement de

BOYAN SLAT

L'HOMME QUI VEUT NETTOYER LES OCÉANS

C'est alors qu'il fait de la plongée sous-marine en Grèce que Boyan Slat, jeune néerlandais âgé alors de 16 ans, est effaré de voir plus de sacs en plastique dans l'eau que de poissons ! Horrifié, il n'aura de cesse de se demander pourquoi les océans sont laissés dans cet état et se lance dans un véritable travail d'enquête sur la pollution plastique, d'abord dans le cadre d'un projet scolaire. Il apprend que le plastique s'accumule dans cinq grands vortex océaniques, le plus gros étant situé entre Hawaï et la Californie, et contiendrait plus de 50 % du plastique des océans.
Une fois aspiré dans ce tourbillon, le plastique se décompose lentement et se fragmente en débris de microplastiques

(< 5 mm), qui sont non seulement extrêmement difficiles à éliminer, mais également confondus avec de la nourriture par les animaux marins.

> « S'OCCUPER DU PROBLÈME DES ORDURES DANS LE MONDE EST L'UN DES PLUS GRANDS DÉFIS ENVIRONNEMENTAUX AUQUEL L'HUMANITÉ DOIT FAIRE FACE AUJOURD'HUI. »

Ocean Cleanup

Devenu étudiant en ingénierie aéronautique, Boyan Slat entame des recherches approfondies et développe l'idée d'un système de nettoyage des eaux qu'il baptise The Ocean Cleanup. En 2012, il est l'auteur de la conférence TEDxDelft, *How the oceans can clean themselves* dans laquelle il explique cette technologie : grâce à un système de barrières flottantes en forme de V d'une profondeur de 3 mètres tractées par des bateaux, l'eau des océans est « filtrée » et les particules et débris de plastique amenés à une plateforme d'extraction afin d'y être recyclés. La conférence mise en ligne fait un énorme buzz, et Boyan récolte en seulement quelques jours plus de 2 millions de dollars *via* une campagne de *crowdfunding*. Il lance alors son projet à grande échelle, et devient en 2014 le plus jeune lauréat du prix Champion de la Terre décerné par l'ONU. Il n'a alors que 20 ans.

Cinq billions de morceaux de plastique à attraper

Après plusieurs années de recherches, The Ocean Cleanup évolue, le concept est affiné et la stratégie plus ambitieuse : l'équipe des chasseurs de plastique décide d'intercepter la matière à sa source, soit dans les rivières, avant qu'elle n'atteigne l'océan. « Mille rivières, soit 1 % des cours d'eau du monde, représentent 80 % du plastique qui se déverse dans les océans. Nous avons développé une boîte à outils d'intercepteurs pour s'occuper de ces rivières », explique Boyan Slat. L'objectif final ? Atteindre une réduction de 90 % du plastique flottant dans les mers et les océans d'ici 2040.

Un programme de recyclage

Le plastique récolté, une fois ramené sur la terre ferme, est recyclé. Boyan a d'ailleurs créé des lunettes de soleil entièrement fabriquées à base de déchets des océans. Un produit qui, pour lui, a valeur d'exemple pour les entreprises du monde entier, avec lesquelles ils comptent collaborer en fournissant cette matière première écoresponsable.

SEMAINE 35

septembre

28
LUNDI

29
MARDI

30
MERCREDI

31
JEUDI

01
VENDREDI

02
SAMEDI

03
DIMANCHE

L'ÉCOCHALLENGE
de la semaine

C'EST LA RENTRÉE... POUR MOI OU POUR LES ENFANTS, JE N'ACHÈTE QUE DES FOURNITURES ÉCORESPONSABLES (COMME CET AGENDA !)

NOTES

SEMAINE 36

septembre

04
LUNDI

05
MARDI

06
MERCREDI

07
JEUDI

08
VENDREDI

09
SAMEDI

10
DIMANCHE

MES
BONNES RÉSOLUTIONS
de la semaine

notes

SEMAINE 37

septembre

11
LUNDI

12
MARDI

13
MERCREDI

14
JEUDI

15
VENDREDI

16
SAMEDI

17
DIMANCHE

L'ÉCOCHALLENGE

de la semaine

SAMEDI, JE PARTICIPE AU WORLD CLEAN UP DAY CHALLENGE.

notes

MA
SÉLECTION
de films de surf pour prolonger les vacances

THE ENDLESS SUMMER,
DE BRUCE BROWN

Le film documentaire culte des premiers surfeurs des années 60.

BIG WEDNESDAY,
DE JOHN MILIUS

Le Malibu des années 1960-1970 vécu par trois beaux gosses surfeurs.

POINT BREAK,
DE KATHRYN BIGELOW

Keanu Reeves en agent du FBI infiltré dans une bande de surfeurs pas très *clean*. Archi culte.

SEMAINE 38

septembre

18
LUNDI

19
MARDI

20
MERCREDI

21
JEUDI

22
VENDREDI

23
SAMEDI

24
DIMANCHE

L'ÉCOTIP

de la semaine

POUR ÉVITER DE SURCONSOMMER, JE FAIS LES BROCANTES ET VIDE-GRENIERS.

notes

SEMAINE 39

septembre

25
LUNDI

26
MARDI

27
MERCREDI

28
JEUDI

29
VENDREDI

30
SAMEDI

01
DIMANCHE

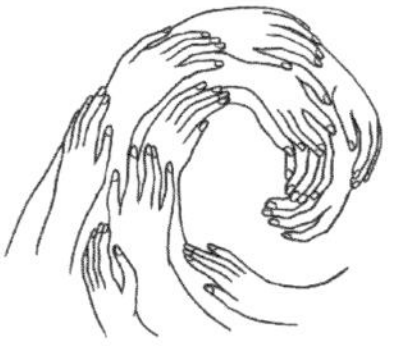

LES
GOOD WAVES
de la semaine

notes

octobre

octobre en un coup d'œil

LUNDI	MARDI	MERCREDI	JEUDI	VENDREDI
25	26	27	28	29
2	3	4	5	6
9	10	11	12	13
16	17	18	19	20
23	24	25	26	27
30	31	1	2	3

SAMEDI	DIMANCHE
30	1
7	8
14	15
21	22
28	29
4	5

« VOUS NE POUVEZ PAS ARRÊTER LES VAGUES, MAIS VOUS POUVEZ APPRENDRE À SURFER. »

JON KABAT-ZINN
Professeur de médecine américain

ma rencontre avec

GÁDOR MUNTANER

DANSE AVEC LES REQUINS !

Gádor est une océanographe espagnole de 30 ans, spécialiste des requins et instructrice de plongée. Je n'ai pas pu résister à l'envie de partager mon admiration pour son engagement et son courage, que notre échange n'a fait que renforcer !

En quoi consiste le métier d'océanographe ?

L'océan est aussi grand qu'inconnu. C'est pourquoi l'océanographie est une course aux départs très variés ! Depuis l'étude des microalgues comme source d'énergie, la gestion côtière, l'aquaculture, l'océanographie chimique, physique... ou dans mon cas, l'étude des requins ! La vérité est qu'il est difficile pour moi de définir une routine dans mon travail, chaque jour est différent. Mais je passe la plupart de mon temps en mer, même quand je ne bosse pas ! L'océan est un environnement

« LA CLÉ POUR LA SURVIE DE NOTRE ESPÈCE EST D'APPRENDRE À COEXISTER AVEC LES AUTRES. »

de travail merveilleux, mais qui peut se transformer en cauchemar lorsque les conditions météorologiques ne sont pas favorables. En ce sens, l'océan est comme un être humain : il a ses bons jours et ses mauvais jours, et je l'aime comme il est !

Parle-nous de ton lien avec l'océan.

C'est mon bureau, mon lieu de vacances, ma source d'énergie, mon médecin, mon thérapeute... Et aussi mon meilleur professeur ! J'apprends constamment de lui : il me rappelle combien je suis petite et m'enseigne à coexister avec les autres êtres vivants de la planète. Je dis toujours que, pour moi, l'océan n'est pas seulement une passion, mais aussi une nécessité. Quand je m'en éloigne, j'ai l'impression qu'une partie de moi meurt. J'ai du mal à me rappeler à quel moment j'ai commencé à me sentir comme ça. À 3 ou 4 ans, je portais déjà un masque et je faisais de la plongée avec tuba sur les plages de Majorque. Je passais mon temps à chercher des étoiles de mer, des bernard-l'hermite et des petits poissons près de la rive. Ça me fascinait.

Et quelle est ton histoire avec les requins ?

On pourrait dire que cela a commencé par un coup de foudre ! J'avais 15 ans quand j'ai suivi mon premier cours de plongée aux Maldives et que j'ai vu mon premier requin. C'était un moment parfait. Toute la peur et le stress que je m'attendais à ressentir s'est transformée en une incroyable sérénité face à un animal qui ne me voulait clairement aucun mal. Les requins ne sont pas seulement des animaux fascinants, mais aussi indispensables à la survie des océans et donc à notre propre survie. Ces prédateurs occupent le sommet dans le réseau trophique marin, contrôlant ainsi les populations de leurs proies et maintenant l'écosystème marin en équilibre. Un océan peuplé de requins est un océan sain.

As-tu une espèce de requin préférée ?

J'ai beaucoup de mal à choisir, je les aime toutes, mais l'espèce qui m'a la plus impressionnée la première fois que je l'ai rencontrée était le requin blanc. Ce prédateur est le mauvais protagoniste de tant de films… j'ai été surprise de le voir nager aussi paisiblement que n'importe quelle autre créature marine.

SEMAINE 40

octobre

02
LUNDI

03
MARDI

04
MERCREDI

05
JEUDI

06
VENDREDI

07
SAMEDI

08
DIMANCHE

L'ÉCOCHALLENGE

de la semaine

JE NE MANGE PLUS DE VIANDE LES SOIRS DE SEMAINE ET J'INVITE MES PROCHES À SUIVRE MON EXEMPLE.

NOTES

SEMAINE 41

octobre

09
LUNDI

10
MARDI

11
MERCREDI

12
JEUDI

13
VENDREDI

14
SAMEDI

15
DIMANCHE

MES
BONNES RÉSOLUTIONS
de la semaine

notes

MES
COUPS DE CŒUR

pour des amoureux de l'océan un peu fous à suivre absolument

DOMENIC BIAGINI

Un Californien accro aux baleines à suivre pour ses vidéos magiques.
@dolphindronedom

LUKAS MÜLLER

Un biologiste marin qui mixe les Fugees avec des vidéos de cétacés !
@thewatermonkey

SEMAINE 42

octobre

16
LUNDI

17
MARDI

18
MERCREDI

19
JEUDI

20
VENDREDI

21
SAMEDI

22
DIMANCHE

L'ÉCOCHALLENGE

de la semaine

JE NE VAIS PAS AU SUPERMARCHÉ PENDANT TOUTE LA SEMAINE, PUIS LA SUIVANTE, ET CELLE D'APRÈS...

notes

SEMAINE 43

octobre

23
LUNDI

24
MARDI

25
MERCREDI

26
JEUDI

27
VENDREDI

28
SAMEDI

29
DIMANCHE

LES
GOOD WAVES
de la semaine

notes

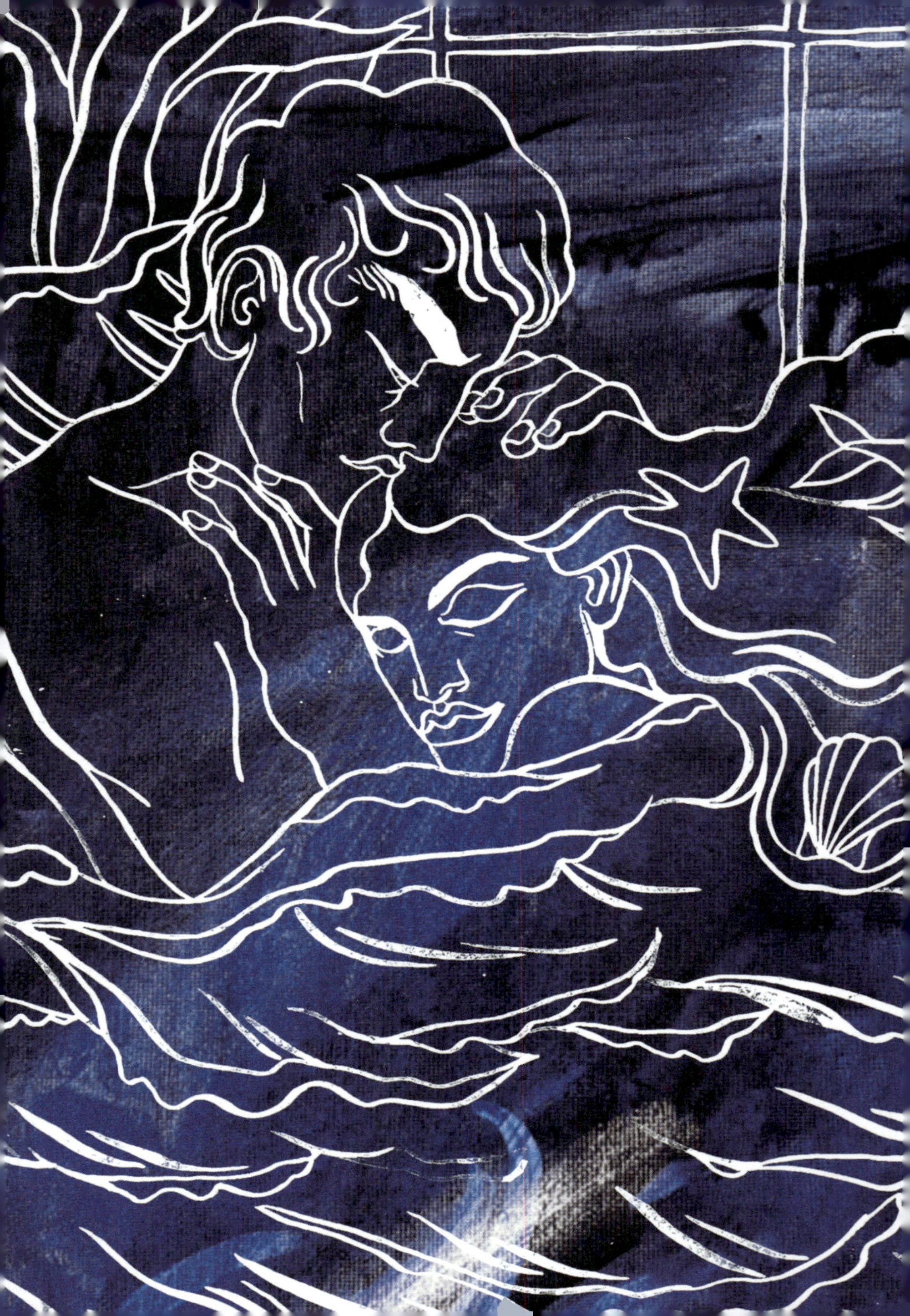

novembre

novembre en un coup d'œil

LUNDI	MARDI	MERCREDI	JEUDI	VENDREDI
30	31	1	2	3
6	7	8	9	10
13	14	15	16	17
20	21	22	23	24
27	28	29	30	1

SAMEDI	DIMANCHE
4	5
11	12
18	19
25	26
2	3

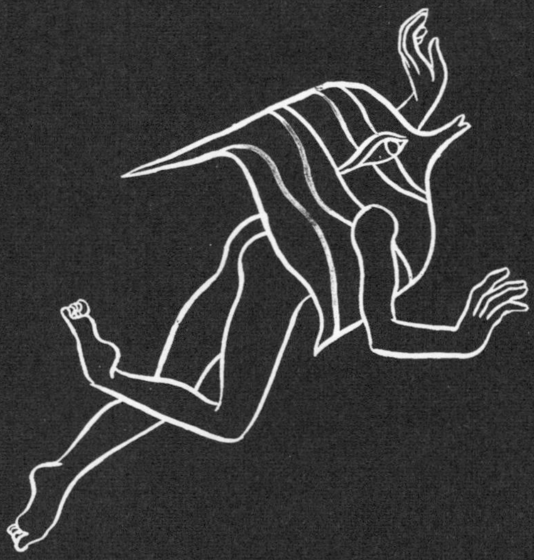

« JE SUIS ATTIRÉ PAR L'OCÉAN ; JE TROUVE DU RÉCONFORT DANS SON MYSTÈRE. »

JOE DUNTHORNE
Écrivain gallois

ma rencontre avec

FRANÇOIS GABART

LE ROI DES OCÉANS

Originaire des Charentes, François Gabart est un navigateur et skipper aux multiples records, dont celui du tour du monde en solitaire. Je lui ai demandé d'évoquer pour vous sa passion.

Depuis quand es-tu amoureux de l'océan ?

Tout petit ! Mes parents ont toujours navigué en plaisance, depuis que je suis bébé je passe des vacances sur des bateaux. L'eau, le bateau, ont donc toujours été synonymes de loisirs et de plaisir. Mes parents ont pris une année sabbatique lorsque j'avais 6 ou 7 ans et nous avons voyagé sur un voilier de 11 mètres visitant le Cap-Vert, les Antilles, les Bahamas… Ce fut un moment très important pour moi ! Au retour de ce voyage, j'ai d'ailleurs commencé à faire des compétitions en Optimist.

«L'OCÉAN EST UN CHEMIN VERS LA LIBERTÉ OÙ TOUT EST POSSIBLE. »

Quels sont tes tout premiers souvenirs avec lui ?

Ils sont de l'ordre des sensations : le bruit de l'eau sur la coque, les mouvements du bateau, les odeurs, les ambiances… Ma relation avec l'océan a toujours été très physique !

Quels sentiments ressens-tu envers lui ?

Je suis amoureux de l'océan, mais aussi extrêmement attaché à l'objet flottant qu'est le bateau ! L'association des deux me va bien et j'ai besoin de l'un et de l'autre.

Que représentent-ils pour toi ?

Pour moi, l'océan est un chemin vers la liberté. Avec un bateau à voile, on n'a aucune limite, on peut aller à l'autre bout du monde. Je trouve cela fabuleux ! Et, quand je contemple l'océan, j'ai l'impression que l'espace s'agrandit et que tout est possible. C'est une ouverture vers quelque chose de grand. Ils évoquent aussi pour moi la puissance, celle de pouvoir se servir du vent pour avancer, et l'humilité face à cet océan qui est toujours plus fort que nous.

Tu as appris à comprendre l'océan pour bien naviguer. Raconte-nous.

La couleur de l'eau, la forme des vagues, la teinte d'un nuage, le souffle du vent… : je suis dans un état d'extrême vigilance pendant une course. Je suis obligée d'avoir tous les sens en éveil et je vois des choses que je ne verrais même pas en croisière avec mes amis et ma famille alors que pourtant je prends le temps de contempler l'océan !

L'océan est si vaste, où te situes-tu dans cette immensité ?

À sa surface. Je ne suis pas à l'aise dans le côté immersif. Je suis fasciné par le monde sous-marin mais ce n'est pas mon milieu. Que ce soit dans une embarcation ou sur une planche de surf, j'aime être à cette interface air-eau !

Comment concrétises-tu ton engagement ?

J'ai la chance d'évoluer sur l'océan depuis toujours et d'essayer de le comprendre malgré l'ignorance que l'on a de ses profondeurs. L'oxygène qu'on respire provient en grande majorité du plancton marin et le CO_2 est capté par les océans, eux-mêmes attaqués par des millions de tonnes de plastique. J'ai donc le devoir de faire passer des messages pour sensibiliser les jeunes générations.

Trois mots pour décrire l'océan ?

Liberté. Bleu. Voyage.

SEMAINE 44

novembre

30
LUNDI

31
MARDI

01
MERCREDI

02
JEUDI

03
VENDREDI

04
SAMEDI

05
DIMANCHE

L'ÉCOCHALLENGE

de la semaine

JE RAMASSE UNE BOUTEILLE ENTIÈRE DE MÉGOTS AVEC MES AMI.E.S ET JE POSTE SA PHOTO SUR LES RÉSEAUX SOCIAUX.

NOTES

SEMAINE 45

novembre

06
LUNDI

07
MARDI

08
MERCREDI

09
JEUDI

10
VENDREDI

11
SAMEDI

12
DIMANCHE

MES
BONNES RÉSOLUTIONS
de la semaine

notes

SEMAINE 46

novembre

13
LUNDI

14
MARDI

15
MERCREDI

16
JEUDI

17
VENDREDI

18
SAMEDI

19
DIMANCHE

L'ÉCOCHALLENGE

de la semaine

JE N'ACHÈTE PLUS DE PRODUITS EMBALLÉS DANS DU PLASTIQUE, JE TROUVE DES ALTERNATIVES.

notes

POUR
VOTRE PAL

des bouquins aux embruns marins.

ATLAS DES ÎLES ABANDONNÉES,
DE JUDITH SCHALANSKY

Des destins de miettes de terre posées quelque part dans l'immensité de l'océan.

L'OCÉAN EST MON FRÈRE,
DE JACK KEROUAC

Le premier roman de Jack Kerouac, écrit à la main alors qu'il avait 21 ans.

TOUT QUITTER,
D'ANAIS VANEL

L'histoire d'une fille qui change de vie, que j'ai lue à une période charnière de la mienne. L'écriture fluide et instinctive d'Anaïs m'a touchée en plein cœur.

novembre

20
LUNDI

21
MARDI

22
MERCREDI

23
JEUDI

24
VENDREDI

25
SAMEDI

26
DIMANCHE

LES
GOOD WAVES
de la semaine

notes

décembre

décembre en un coup d'œil

LUNDI	MARDI	MERCREDI	JEUDI	VENDREDI
27	28	29	30	1
4	5	6	7	8
11	12	13	14	15
18	19	20	21	22
25	26	27	28	29

SAMEDI	DIMANCHE
2	3
9	10
16	17
23	24
30	31

« L'UNIVERS EST UN OCÉAN SUR LEQUEL NOUS SOMMES LES VAGUES. ALORS QUE CERTAINS DÉCIDENT DE SURFER, D'AUTRES S'AVENTURENT À PLONGER. »

CHARBEL M. TADROS
Auteur libanais

ma déclaration d'amour à

LA BRETAGNE

LÀ D'OÙ JE VIENS

On ne peut pas être plus à l'extrémité d'une terre qu'au Finistère, comme son nom l'indique : *finis terrae*, la fin de la terre. La Bretagne, c'est ma maison, j'y suis profondément attachée, je suis fière d'être ancrée dans ce bout du monde. Je l'aime pour son côté mystique, l'océan est partout. Quand j'ai besoin de me ressourcer, c'est là que je dois être.

Carte d'identité green

On y trouve : 1 570 espèces végétales et animales dont 62 % des espèces de mammifères métropolitains, 30 % des espèces de plantes à fleurs et fougères et 66 % des effectifs d'oiseaux nicheurs. Vous pouvez croiser avec un peu de chance : des grands dauphins, des requins-pèlerins, des phoques gris, des macareux moines, des pingouins torda ou des fous de Bassan.

Ma plage fétiche

Les Blancs-Sablons : dès lors que je pose mes valises à Brest, c'est là que je trace. Il y a une immensité

« VIVRE LONGTEMPS C'EST BIEN ; VIVRE BIEN C'EST MIEUX. »

PROVERBE BRETON

et une énergie inexplicables là-bas que je ne retrouve nulle part ailleurs ! Mes parents y ont fait leurs premières sorties avec moi juste après ma naissance, j'y ai tant de souvenirs : mes premiers pas, mes premières sessions de *body board* puis de surf avec les copains, mes premiers campings sauvages aussi (mais chuuut !).

Mes meilleurs spots

• Au bord de l'océan : le port du Conquet, où les pêcheurs arrivent avec tous leurs poissons, pour sa vision de carte postale !
• La plage pour bronzer : la plage de sable fin du Trez Hir à Plougonvelin, où j'allais ado avant de découvrir le surf et d'être hyperactive ! En famille, il nous arrive souvent de louer un catamaran et de partir en balade là-bas.
• L'endroit où surfer : la presqu'île de Crozon, en face de Brest, et la plage de la Torche, pour les plus connus. Les autres spots plus *wild* sont secrets, je me dois de les préserver. Perdez-vous un peu dans la pampa pour trouver les vôtres, c'est si bon !
• Pour faire du *snorkeling* : le phare du Petit-Minou à Brest et la presqu'île de Crozon. J'y fais de la pêche aux araignées et on y voit des algues – les laminaires – de toutes les couleurs, c'est sublime ! Un vrai spectacle de forêt d'algues qui se tiennent debout du sable à la surface de la mer.

À visiter absolument

Le phare de la pointe Saint-Mathieu à Plougonvelin. On a l'impression d'être au bout de la terre ! Idéal pour une promenade aux bords des falaises. Profitez-en pour boire un verre à l'hôtel de la pointe Saint-Mathieu et visiter la chapelle Notre-Dame-de-Grâce, typique dans son jus avant de faire un saut au musée Mémoires 39-45 situé à 500 mètres pour réviser votre histoire.

Mes restos prêf

Le Tour du Monde : sur le port de plaisance du Moulins Blanc à Brest, pour manger des moules-frites sur de grandes tablées. À l'origine, un vrai QG de marins. Cet endroit accueille tous mes souvenirs de jeunesse quand je commençais à être indépendante, à avoir mon permis. J'adore l'ambiance sonore des mâts de bateaux qui s'entrechoquent ! Je fréquente encore ce lieu aujourd'hui, sa vue panoramique est sublime.

Les Korrigans : une crêperie traditionnelle au Conquet, pour manger des bonnes galettes et boire du cidre. Rien que d'y penser, j'en ai l'eau à la bouche !

SEMAINE 48

décembre

27
LUNDI

28
MARDI

29
MERCREDI

30
JEUDI

01
VENDREDI

02
SAMEDI

03
DIMANCHE

L'ÉCOCHALLENGE
de la semaine

JE DONNE OU JE REVENDS AU MOINS DEUX OBJETS QUE JE POSSÈDE QUI FERONT DES HEUREUX À NOËL.

NOTES

SEMAINE 49

décembre

04
LUNDI

05
MARDI

06
MERCREDI

07
JEUDI

08
VENDREDI

09
SAMEDI

10
DIMANCHE

MES
BONNES RÉSOLUTIONS
de la semaine

notes

MA SÉLECTION

de podcasts pour plonger dans l'écume.

LA GREEN WAVE

Des rendez-vous sonores dédiés à la protection des océans dans les quatre coins du monde.

RADIO SEA THE FUTURE

Des histoires sur les relations humains-océans tout aussi passionnantes les unes que les autres.

MAISON MER

Un podcast réalisé à Brest qui parle de la mer dans tous ses états !

SEMAINE 50

décembre

11
LUNDI

12
MARDI

13
MERCREDI

14
JEUDI

15
VENDREDI

16
SAMEDI

17
DIMANCHE

LES
GOOD WAVES
de la semaine

notes

décembre

18
LUNDI

19
MARDI

20
MERCREDI

21
JEUDI

22
VENDREDI

23
SAMEDI

24
DIMANCHE

L'ÉCOCHALLENGE

de la semaine

POUR NOËL, J'EMBALLE MES CADEAUX AVEC LA TECHNIQUE JAPONAISE DU FUROSHIKI. À VOS COUPONS !

notes

SEMAINE 52

décembre

25
LUNDI

26
MARDI

27
MERCREDI

28
JEUDI

29
VENDREDI

30
SAMEDI

31
DIMANCHE

LES
GOOD WAVES
de la semaine

notes

notes

notes

notes

notes

notes